DE LA PROPRIÉTE

DES LETTRES MISSIVES

DISCOURS

PRONONCÉ A LA

RENTRÉE SOLENNELLE DES CONFÉRENCES DES AVOCATS

LE 14 DÉCEMBRE 1879

PAR

Roger TEULLÉ

Docteur en droit, Avocat à la Cour d'Appel de Toulouse,
Lauréat du Stage et de la Faculté de Droit.

TOULOUSE

IMPRIMERIE PAUL PRIVAT, RUE TRIPIÈRE, 9

1880

DE LA PROPRIÉTÉ

DES LETTRES MISSIVES

DISCOURS

PRONONCÉ A LA

RENTRÉE SOLENNELLE DES CONFÉRENCES DES AVOCATS

Le 14 Décembre 1879

PAR

Roger TEULLÉ

Docteur en droit, Avocat à la Cour d'Appel de Toulouse,
Lauréat du Stage et de la Faculté de Droit.

TOULOUSE

IMPRIMERIE PAUL PRIVAT, RUE TRIPIÈRE, 9

—

1880

Monsieur le Premier Président,

Monsieur le Batonnier,

Messieurs,

Dès que les hommes eurent trouvé le moyen de traduire leur pensée par des signes intelligibles, ils se servirent des correspondances comme moyen de sociabilité. C'est le mode de communication le plus sûr et le plus intime lorsqu'on ne peut se réunir; c'est une conversation entre absents; la pensée peut y prendre les formes les plus diverses et les développements les plus considérables. Aussi l'usage des lettres missives fut-il répandu de bonne heure dans les sociétés anciennes. « Cette petite lettre, écrivait un Père de l'Église[1] à un de ses amis, traversera les déserts, les mers,

1. Saint Jean Chrysostôme.

elle passera au milieu des cités populeuses et ira vous porter directement ma pensée et mon souvenir. »

A Rome, la correspondance des hommes politiques prit de grands développements, surtout dans les dernières années de la République, et si de nos jours on veut connaître l'histoire de cette époque, on ne la trouve nulle part plus vivante et plus vraie que dans les lettres de Cicéron et de ses contemporains.

L'importance de ces lettres s'explique facilement : les hommes politiques de ce temps avaient bien plus besoin de s'écrire que ceux d'aujourd'hui. Le proconsul qui partait pour aller gouverner quelque province lointaine ne pouvait se résigner à être privé de toute nouvelle de Rome, dont il s'éloignait pour un instant. Il avait besoin de ce que Saint-Simon appelle *ce petit fumet d'affaires, dont les politiques ne se peuvent passer.*

A la vérité il recevait une sorte de gazette, les *Acta diurna,* mais elle était insignifiante de sa nature, comme tout journal officiel. Elle se bornait à enregistrer les faits sans en indiquer la raison, ni le caractère véritable. Pour combler les lacunes du journal officiel on avait bien recours aussi à des correspondants payés, choisis parmi ces Grecs affamés que la misère rendait bons à tous les offices ; mais n'ayant point accès auprès des magistrats, ni dans les grandes maisons, ils ne pouvaient que courir la ville et recueillir dans les rues ce qu'ils entendaient dire ou ce qu'ils voyaient.

Tout ce babil amusait un instant ; il ne satisfaisait pas ces personnages politiques, qui voulaient avant tout être tenus au courant des affaires publiques. Ils s'adressaient alors à quelque ami sûr, important et bien informé, qui, habitant toujours Rome, pût les tenir au courant de ce qui se passait au Champ-de-Mars ou à la Curie. Voilà comment les lettres des hommes politiques d'alors ont une si grande importance et contiennent l'histoire du temps dans lequel ils ont vécu.

La correspondance des hommes politiques de notre époque n'a plus le même intérêt ; aujourd'hui, en quelque
désert qu'un homme soit retiré, les journaux viennent le
tenir au courant des événements ; il n'a plus besoin de
s'adresser à un ami pour les connaître. Les journaux se
sont emparés de ce rôle joué autrefois par les lettres, et,
comme ils sont plus commodes et plus répandus, ils ont
fait perdre aux correspondances un de leurs principaux ali-
ments.

Les correspondances intimes, où il n'est question que de
nos affections et de nos sentiments, deviennent aussi tous les
jours plus courtes et moins intéressantes. Ces commerces
agréables et assidus, qui tenaient tant de place dans la vie
d'autrefois, tendent presque à disparaître de la nôtre. On
dirait que, par un hasard étrange, la facilité même et la rapi-
dité des relations qui auraient dû leur donner plus d'anima-
tion leur aient nui. Autrefois, quand la poste n'existait pas
ou qu'elle était réservée, comme chez les Romains, à porter
les ordres de l'empereur, on était forcé de profiter des occa-
sions ou d'envoyer les lettres par un esclave. C'était alors
une affaire que d'écrire. On ne voulait pas que le messager
fît un voyage inutile ; on faisait les lettres plus longues, plus
complètes, pour n'être pas forcé de les recommencer trop
souvent.

Mais au temps de Mme de Sévigné, quand les *ordinaires*
ne partaient qu'une ou deux fois par semaine, écrire était
encore une chose grave, à laquelle on donnait tous ses
soins. La mère, éloignée de sa fille, n'avait pas plutôt fait
partir sa lettre qu'elle songeait à celle qu'elle enverrait
quelques jours plus tard. Les pensées, les souvenirs, les
regrets s'amassaient dans son esprit pendant cet intervalle,
et quand elle prenait la plume, « *elle ne pouvait plus gouverner ce torrent.* » Aujourd'hui qu'on sait qu'on peut
écrire quand on veut, on n'assemble plus des matériaux
comme faisait Mme de Sévigné, on n'écrit plus par provi-

sion, « *on ne cherche plus à vider son sac.* » Tandis que le retour périodique de l'ordinaire amenait autrefois plus de suite et de régularité dans les relations, la facilité qu'on a maintenant de s'écrire quand on veut, fait qu'on s'écrit moins souvent. On attend d'avoir quelque chose à se dire, ce qui est moins fréquent qu'on ne le pense[1].

Si les correspondances politiques et les correspondances intimes sont devenues moins fréquentes, la correspondance d'affaires a pris une importance immense par suite de la découverte des chemins de fer et des télégraphes, qui fournissent déjà à presque tous les peuples le moyen d'échanger à tout instant leurs aspirations et leurs pensées. La lettre missive est devenue le moyen le plus commode de conclure une affaire à de grandes distances lorsqu'on n'a pas le temps de se réunir; elle est alors l'élément, la preuve même du contrat intervenu, quelquefois la preuve irrécusable de la fraude ou de la mauvaise foi de l'une des parties; on comprend aisément combien est importante sa propriété.

L'auteur de la lettre peut être un homme célèbre; son écriture, au point de vue commercial et pour l'amateur d'autographes, a de la valeur, et tel chiffon de papier, insignifiant en apparence, pourra se vendre très-cher dans une collection d'antiquaire. Traite-t-elle d'un événement historique, la lettre missive méritera, si l'auteur a été mêlé à cet événement, d'être consultée par l'historien; elle peut avoir dans ce cas un intérêt inappréciable. N'en sera-t-il pas de même pour les familles qui cherchent à défendre par leurs écrits intimes la mémoire de leurs aïeux? Et encore, au point de vue littéraire ou politique, si la correspondance d'un homme célèbre mérite d'être publiée, qui sera juge de l'opportunité? D'autre part, qui profitera des bénéfices de librairie, l'auteur lui-même ou le destinataire? A qui

---

1. Gaston Boissier, *Cicéron et ses amis.*

appartient donc une lettre missive? Résoudre cette question, tel sera, Messieurs, l'objet de cette étude.

Notre Code Civil ne contient aucun texte de loi qui détermine les droits respectifs de l'auteur de la lettre et du destinataire; de là, la difficulté que présente au premier abord le sujet que nous nous proposons de traiter. Nous espérons démontrer qu'il suffit d'appliquer à la matière les principes généraux du Droit.

Dès que l'auteur de la lettre s'en est dessaisi, le destinataire en devient propriétaire; il se produit entre eux comme une transmission instantanée. Ce principe, proclamé par le Droit romain [1], a été de tout temps reconnu par la jurisprudence française [2]; il se justifie par de puissantes considérations.

L'auteur d'une lettre missive est maître absolu de l'expédier ou de la conserver; il peut en mesurer les termes, il jouit de toute liberté pour l'expression de ses idées; quand il envoie sa lettre, c'est après mûre réflexion, non dans le but d'en revendiquer plus tard la propriété, mais bien pour que le destinataire la fasse sienne, après en avoir pris connaissance. Celui-ci, à la réception de la lettre, peut la détruire, sans que l'auteur ait à s'en plaindre; n'est-ce pas un des attributs les plus manifestes du droit de propriété? S'il peut la détruire, il peut, *à fortiori*, la conserver en invoquant toujours son droit de propriété [3].

Ce droit de propriété qu'a le destinataire de la lettre missive présente certains caractères particuliers; il est différent, suivant que la lettre missive est ou non confidentielle. De là la nécessité de rechercher à quoi l'on peut reconnaître la lettre confidentielle.

Souvent on la définit : Toute lettre devant être remise à

---

1. L. 64. *D. de acquirendo rerum dominio.*
2. Cass., 4 avril 1821 et 12 juin 1828. — Amiens, 21 février 1829. — Limoges, 19 avril 1844.
3. Rousseau, *De la Correspondance*, p. 6.

un individu déterminé pour n'être connue que de lui et dont l'auteur se dessaisit dans ce but en la confiant à un tiers ou à la poste. Cette définition, la meilleure de celles qui ont été données, ne nous paraît pas cependant complétement exacte. La confidence, en effet, est toute relative. Telle chose doit être tenue secrète aujourd'hui, que tout le monde pourra connaître demain, et, par suite, une lettre, un moment confidentielle, pourra ne plus l'être quelques instants après ; telle personne attachera la plus grande importance à une nouvelle et la couvrira du plus grand mystère, que telle autre considérera comme une vulgaire banalité pouvant sans danger être colportée par tous.

La loi n'a point défini la lettre confidentielle, et elle ne pouvait le faire, car il est impossible de fixer un *criterium* certain à l'aide duquel on puisse reconnaître si une lettre renferme un caractère confidentiel. Dès lors, en l'absence d'un texte précis, on est forcé d'admettre que les tribunaux ont un pouvoir souverain d'appréciation. Pour décider, ils devront s'entourer de tous les éléments propres à former leur conviction ; ils regarderont comme confidentiels ces épanchements de l'amitié, ces communications de pensée que l'on fait à un autre soi-même et que l'on n'aurait point faits en présence d'un tiers. De tels secrets sont comme un dépôt dont ne peut seul disposer celui qui les a reçus. En écrivant la lettre, en se confiant à un ami, l'auteur de la confidence a conclu une sorte de pacte avec le destinataire ; il a mis pour condition à sa confidence que le secret resterait renfermé dans le domaine de l'intimité. Cette condition est comme sous-entendue dans toute lettre missive d'une nature confidentielle ; telle est la cause de la différence de droits qu'a le destinataire sur la lettre, suivant qu'elle est ou non confidentielle.

S'il s'agit d'une lettre missive ordinaire, le destinataire en est propriétaire à l'égard de tous ; elle lui appartient en pleine propriété, il peut en faire ce que bon lui semble :

la détruire, la communiquer à des tiers, s'en servir en justice dans un procès contre l'auteur, la prêter à des tiers
pour s'en servir dans le même but.

S'il s'agit d'une lettre confidentielle, les droits du destinataire sont plus restreints : il en est propriétaire, en ce
sens qu'il peut la détruire, refuser de la rendre à l'auteur,
s'en servir dans un procès contre lui, mais il ne peut la
communiquer à des tiers, ni la leur prêter pour la produire
en justice, car, dans cette hypothèse, le destinataire n'est
qu'un dépositaire, il est lié vis-à-vis de celui qui a eu confiance en lui.

On a essayé de soutenir que les lettres, ayant par elles-
mêmes une valeur intrinsèque, c'est-à-dire émanant d'un
homme célèbre à quelque titre que ce soit, et aux écrits
duquel on attache un certain prix, s'écartaient des principes généraux que nous venons de formuler. Naguère encore la *Revue politique et littéraire*[1] publiait dans ce sens
un article de M. Charles Bigot, article remarquable peut-
être au point de vue littéraire, mais qui méconnaît étrangement les véritables principes juridiques. C'était au sujet
des lettres laissées par Georges Sand. Les journaux avaient
été chargés par son fils de publier l'avis suivant :

« M. Maurice Sand vous prie de rappeler aux personnes qui posséderaient des lettres de sa mère, qu'elles ne
peuvent livrer aucune de ces lettres à la publicité, sans
qu'elles en aient reçu de lui l'autorisation expresse, ainsi
qu'il résulte de la jurisprudence établie. »

C'est contre cette dernière affirmation que proteste surtout M. Charles Bigot. D'après lui, la jurisprudence n'est
point complétement fixée dans le sens indiqué par la note
communiquée aux journaux, et, le serait-elle, il faudrait
au plutôt la changer. Voici, résumés, les principaux argu-
ments qu'il présente à l'appui de sa thèse :

[1]. Année 1876.

« Lorsque la personne est morte, où est l'inconvénient de la publication? Après la mort commence pour chacun une sorte d'impartial et paisible jugement, comme celui que subissaient, dit-on, les rois d'Egypte, jugement où toutes les voix, la sienne surtout, ont le droit de se faire entendre. On doit des égards aux vivants, on ne doit aux morts que la vérité.

« Il arrive que, malgré les auteurs, on livre leurs lettres à la publicité, et on ne pourrait le faire après leur mort? Un héritier aurait plus de droits que l'auteur lui-même? La famille n'a pas le droit de confisquer ainsi des lettres, à son plaisir ou à son profit.

« La lettre est la propriété absolue de celui qui l'a reçue. Au reste, l'héritier peut être un sot, et alors le monde entier serait privé de trésors de bon sens, d'esprit, de grâce, parce qu'il aurait plu à tel neveu ou petit-neveu, d'intelligence obtuse ou d'humeur entêtée, de venir, au nom d'on ne sait quel droit d'héritage, empêcher des chefs-d'œuvre d'aller à la postérité.

« C'est dans ce siècle curieux avant tout de recherches, avide de vérité, qui aime à la découvrir là où surtout elle est, dans ces documents intimes, dans ces épanchements confidentiels où l'âme se livre tout entière, où chacun met de soi ce qu'il a de plus vrai et de meilleur, c'est dans ce siècle précisément qu'une famille veut se réserver le droit discrétionnaire de la publication d'une correspondance et se faire juge de ce qui lui convient de laisser aller jusqu'au public des pensées et des sentiments d'un écrivain de génie. »

La thèse soutenue par M. Charles Bigot est véritablement bien singulière. Ainsi, d'après lui, il suffit d'avoir un nom célèbre pour que les lettres confidentielles que l'on a écrites ne soient plus protégées comme celles de tout le monde. Nous sommes dans un siècle avide de vérité, dit-il; dès lors, les grands hommes, les grands esprits qui honoreront notre époque ne pourront plus avoir de secret pour personne. Dès qu'ils seront morts, leurs pensées, leurs confidences intimes seront jetées en pâture à la curiosité publique.

Je ne saurais, Messieurs, partager une telle doctrine : la loi est pour tous la même ; elle protége le secret de toute lettre confidentielle, sans considérer de qui elle émane ; les grands hommes n'ont-ils point comme tout le monde le droit de s'épancher dans un cœur ami ? Ce sont donc les règles ordinaires qui doivent encore ici recevoir leur application.

Notre opinion, du reste, malgré ce qu'a pu dire le chroniqueur de la *Revue politique et littéraire,* fut celle du législateur ; elle a toujours été consacrée par la jurisprudence.

En 1825 une commission fut chargée par le roi Charles X d'élaborer un projet de loi sur la propriété littéraire ; elle était composée des hommes les plus aptes à mener à bonne fin cette délicate mission ; il nous suffira de citer : Royer-Collard, Lally-Tollendal, Vatimesnil. Ils furent unanimes pour refuser à tout destinataire d'une lettre confidentielle le droit de la publier sans l'autorisation de l'auteur.

Malgré cette unanimité, la question fut présentée en 1849 devant la cour d'appel de Paris au sujet de fragments de la correspondance ayant existé entre Benjamin Constant et Mᵐᵉ Récamier.

Le journal *la Presse* avait annoncé la publication prochaine dans son feuilleton de soixante-trois lettres de correspondance intime adressées à Mᵐᵉ Récamier par Benjamin Constant et données par elle quelque temps avant sa mort à Mᵐᵉ Collet, qui avait autorisé le journal à les publier. A cette nouvelle, Mᵐᵉ Lenormant, nièce et héritière de Mᵐᵉ Récamier, assigna le journal *la Presse* devant le tribunal pour faire défendre de publier la correspondance. Mᵐᵉ d'Estournelles, sœur et héritière de Benjamin Constant, intervint aussi aux mêmes fins que Mᵐᵉ Lenormant, en se fondant sur ce que le destinataire d'une lettre confidentielle n'a pas sur cette lettre un droit de propriété tel qu'il puisse la publier sans le consentement de celui qui l'a écrite ou de ses parents ou héritiers.

Les débats de cette affaire sont restés célèbres dans les annales de nos luttes judiciaires. Les plus illustres maîtres du barreau, Berryer, Chaix-d'Est-Ange, Jules Favre, prirent tour à tour la parole. La cour était présidée par Troplong ; l'arrêt qu'il rendit alors est l'une des plus belles pages écrites par le grand jurisconsulte. Le commenter, ce serait à coup sûr en affaiblir les termes ; aussi je crois devoir en citer les principaux passages :

« Considérant qu'une lettre confidentielle n'est pas une propriété pure et simple dans les mains de celui à qui elle a été écrite ; que le secret qu'elle renferme est un dépôt dont ce dernier ne peut seul disposer ; qu'en livrant sa pensée à un tiers dans une correspondance, une personne peut mettre pour condition à cet acte de confiance qu'il restera enfermé dans le domaine de l'intimité ; que cette condition a tous les caractères d'un pacte véritable ; qu'elle est même virtuellement renfermée dans toute lettre missive d'une nature confidentielle ; que si, contre le vœu de cette convention tacite, le secret d'une lettre était divulgué, ce serait non-seulement manquer aux engagements naturels de ce genre de rapports, mais porter l'inquiétude dans le commerce privé et briser un des liens de la société des hommes ;

« Considérant que ces principes ne reçoivent pas d'exception, alors même que l'auteur d'une correspondance confidentielle aurait rempli un rôle public ; qu'il peut y avoir dans la vie des hommes publics, des sentiments, des affections, des épanchements que le secret de soi-même et des autres leur fait ensevelir dans le mystère ; que l'intérêt des familles a le droit de veiller sur ce domaine inaccessible et de le défendre contre les empiétements d'une indiscrète publicité ; que c'est surtout lorsque les passions contemporaines ne sont pas encore refroidies qu'il importe de s'opposer à des publications dont le résultat serait de troubler la mémoire des morts dans ce qu'ils ont voulu emporter avec eux, d'exciter les malignités de la polémique, de blesser les tiers, d'altérer le culte des souvenirs et des affections domestiques;

« Considérant que la correspondance dont il s'agit au procès est une collection de lettres confidentielles écrites par Benjamin Constant à la veuve Récamier; que celle-ci était liée par le pacte synallagmatique de ne les rendre publiques qu'avec le consentement de leur auteur; que ce consentement n'a jamais été donné par Benjamin Constant; que la veuve Récamier ne pouvait donc les livrer à la publicité ni par elle-même, ni par mandataire, ni de son vivant, ni après sa mort; qu'il suit de là que tout pouvoir qu'elle aurait donné dans un but de publication, soit par son testament, soit par tout autre acte, irait au-delà de son droit bien qu'il fût dicté par de bonnes intentions, et ne saurait produire d'effet en présence de l'opposition formelle de la sœur de Benjamin Constant, qui représente ce dernier[1]. »

Est-il possible, je vous le demande, Messieurs, de trouver résumée en termes plus précis toute la doctrine qui régit la propriété des lettres missives? Un tel arrêt ne pouvait que fixer définitivement la jurisprudence; c'est ce qui est arrivé, et, malgré les affirmations de la *Revue politique et littéraire*, nous pouvons dire que toujours les tribunaux français ont adopté les principes admis en 1849 par la cour d'appel de Paris. Le tribunal de la Seine les consacrait encore implicitement le 8 décembre 1864 dans une affaire relative à la correspondance du Père Lacordaire[2].

---

1. D. P. 1851, 2, 1.
2. En Russie et au Mexique, les lettres confidentielles ne peuvent être publiées qu'avec l'autorisation de l'auteur et du destinataire. — Voir *De la propriété littéraire en France et à l'étranger*, par Fliniaux, pp. 325 et 386.

Les règles générales qui régissent la propriété des lettres missives et déterminent les droits du destinataire ne reçoivent exception qu'en matière de séparation de corps. Non-seulement l'époux demandeur peut produire les lettres qu'il a reçues de son conjoint et les lettres missives ordinaires de son conjoint qu'un tiers lui a communiqué, il peut aussi produire les lettres confidentielles écrites par le conjoint à des tiers [1]. C'est là une conséquence des règles spéciales admises, quant à la preuve, en matière de séparation de corps.

Les faits allégués dans la demande ont eu lieu, en général, dans la vie intime des époux. Ce n'est point au dehors et devant des étrangers que se produisent d'ordinaire ces scènes regrettables, prélude avant-coureur de la désunion et de l'impossibilité de la vie commune; elles ont un théâtre plus restreint. Quelques parents, quelques familiers et presque toujours les domestiques en sont les seuls témoins. Aussi, par une sage disposition, le législateur a-t-il exceptionnellement autorisé, en matière de séparation de corps, l'audition de tous les parents, si proches qu'ils soient, et des domestiques. Il a pensé avec raison que si on repoussait de tels témoignages, on se trouverait souvent dans l'impossibilité de découvrir la vérité.

Or, si les parents et les domestiques peuvent être entendus comme témoins, et cela parce que c'est le seul moyen pour le juge d'éclairer sa conscience, comment ne pas admettre la production de la correspondance même confidentielle de l'époux coupable? La confidence n'a point ici son caractère ordinaire : ces lettres qui ont trait à la vie commune et dans lesquelles les plaintes sont élevées sur les injures commises par l'un des époux, où des explications

---

1. Paris, 22 février 1860 (P. 1860, 440). — Dijon, 11 mai 1870 (P. 1872, 213). — Bruxelles, 28 avril 1875 (P. 1877, 706). — Demolombe, *Mariage*, t. II, n° 394. — Massol, *Séparation de corps*, p. 42, n° 6. — Rousseau, *loc. cit.*, n°s 145 et suiv.

données par le coupable sur sa conduite, son repentir, ses promesses pour l'avenir, sont toutes confidentielles. N'est-ce point dans ces lettres que le magistrat puisera avec le plus de sûreté ses appréciations sur le caractère de chacun, sur leurs torts réciproques, sur la gravité des faits articulés? Les tiers auxquels elles sont adressées sont, pour la plupart des parents des conjoints, ceux-là mêmes qui d'après la loi doivent surtout être entendus par les magistrats; le plus souvent, les renseignements les plus précis qu'ils pourront fournir à la justice consisteront en la production de ces lettres.

Ces droits que nous venons de reconnaître au destinataire de la lettre missive rendent nécessairement bien peu impoctants ceux de l'auteur de la lettre. Comment, par exemple, admettre avec certains arrêts[1] que ce dernier a sur son œuvre un droit de copropriété? Ce serait diminuer les droits du destinataire, et, par suite, étrangement méconnaître les principes que nous venons de poser. D'après nous, l'auteur de la lettre a perdu tout droit sur elle par l'expédition, s'il s'agit d'une lettre missive ordinaire; il n'a conservé qu'un droit de surveillance, s'il s'agit d'une lettre confidentielle.

A quel titre pourrait-il revendiquer un droit quelconque sur une lettre missive ordinaire? Il n'a que narré un fait de peu d'importance ou rapporté une nouvelle qui, dans sa pensée, pouvait sans danger être connue de tous, ou bien encore traité d'une affaire pour laquelle il n'a jamais songé à demander le secret.

Dans la lettre confidentielle, c'est une pensée intime que l'auteur a voulu confier au destinataire; il a cru bon de partager le poids d'un secret trop lourd pour un seul, de guérir peut-être son âme en l'épanchant dans une âme

---

1. Rennes, 26 juin 1874 (P. 1875, 207).

amie. (Qui ne sait quelles consolations on trouve souvent, dans le malheur, à de telles confidences ?) Avant d'écrire, il avait réfléchi, il savait à qui il s'adressait ; en connaissance de cause, il s'était confié. Dès lors, comment permettre de reprendre à la légère une telle confidence, de réclamer une lettre que l'on a volontairement abandonnée ? Quelle serait, du reste, l'efficacité de cette restitution à l'égard du destinataire ? Nulle, à coup sûr, car si on peut lui enlever le papier sur lequel le secret était écrit, on ne pourra lui reprendre le secret lui-même, maintenant gravé dans sa pensée. La restitution n'aurait donc pour effet que d'empêcher le destinataire de faire un usage illicite de la lettre confidentielle. On arrive à ce résultat, non par la restitution, ce qui serait méconnaître les droits du destinataire, mais par le droit de surveillance qui appartient à l'auteur de la lettre confidentielle.

Cette lettre confidentielle avait été écrite pour le destinataire seul et non pour des étrangers ou des amis ; à bien plus forte raison, elle n'avait point été écrite pour être communiquée à des tiers, afin qu'ils s'en servent en justice. Si le destinataire en fait un tel usage, l'auteur de la lettre peut exercer alors son droit de surveillance. Il s'adressera aux tribunaux pour faire défendre la communication de la lettre, et ses droits seront ainsi sauvegardés. Quel plus grand avantage retirerait-il de la restitution ? D'empêcher pour l'avenir toute publication, dira-t-on peut-être ? Mais la divulgation du secret pourra bien avoir lieu encore, lors même que le manuscrit serait rendu, car on a pu en faire des copies, et puis, on connaît le secret, on pourra facilement le répéter. Ce sont donc les tribunaux qui sont chargés de faire respecter le secret de toute lettre confidentielle ; c'est à eux que devra s'adresser l'auteur, en vertu de son droit de surveillance, chaque fois que le destinataire de la lettre voudra lui faire perdre son caractère confidentiel.

Quelques personnes n'ont, en droit, qu'une liberté restreinte : les mineurs, les interdits, les femmes mariées sont
soumis à l'autorité des pères, tuteurs, curateurs ou maris.
Les personnes qui sont dans une telle dépendance jouis-
sent-elles des droits qu'a le destinataire d'une lettre missive ?

En principe, nous n'hésitons point à attribuer au père
de famille le pouvoir absolu de prendre communication
de la correspondance adressée à son fils mineur, le pouvoir
même de la retenir ou de la supprimer, car cette correspondance peut compromettre la moralité de l'enfant[1].

Que la lettre soit confidentielle ou non, le père peut en
prendre connaissance. Il a la mission de veiller avec solli-
citude sur les années d'inexpérience de son enfant, il doit
s'acquitter de cette mission. Et quoi ! il se laisserait arrêter
par cette futile considération que la lettre est confidentielle.
Mais un jeune enfant peut-il avoir des secrets pour les
auteurs de ses jours ? S'il en est ainsi, c'est que ces lettres
confidentielles sont précisément dangereuses pour l'enfant,
et c'est alors surtout que le père doit être autorisé à les
saisir. Il importe qu'il puisse tout surveiller, tout connaître,
tout savoir pour tout prévenir. N'est-ce point, en somme,
l'avenir et l'honneur de la famille entière qui se trouve en
jeu ?

Ah ! certainement ceux qui se montrent partisans de
l'opinion contraire ne réfléchissent point aux conséquences
désastreuses, j'ose le dire, auxquelles conduirait inévita-
blement leur opinion, si elle était acceptée par les tribunaux. Ils parlent de liberté et profanent ce mot en l'em-
ployant ainsi. Ce ne serait point assurer la liberté, mais
tolérer la licence et pousser à la démoralisation que de
permettre au fils mineur d'éviter tout contrôle paternel.

---

1. *Sic* : Demolombe, *Puissance paternelle*, n° 301. — Rousseau, *loc.
cit.*, n° 136. — *Contra* Vanier, *Revue pratique*, année 1866.

On laisserait ainsi librement les doctrines les plus malsaines s'introduire dans le cœur de l'enfant.

Loin de nous, cependant, l'idée de vouloir que cette puissance tutélaire du père de famille puisse devenir pour son enfant le sujet d'une véritable tyrannie. S'il empêche son fils d'entretenir une correspondance qui ne peut qu'être bonne pour lui, d'écrire par exemple à ses aïeux ou à sa mère séparée de corps, alors les tribunaux auront le droit d'intervenir et de rappeler le père à ses devoirs. Ils pourront même prendre des mesures propres à assurer la liberté méconnue du fils.

L'état de dépendance de la femme mariée est loin d'être aussi complet que celui du mineur ; elle est cependant dans un état d'incapacité absolue pour certains actes juridiques, que le mari est chargé d'accomplir à sa place. Voyons quels sont les droits du mari sur la correspondance de sa femme ?

Les mœurs, presque autant que les lois, influent sur la puissance maritale. Cette puissance a sa source ou mieux sa consécration dans la loi ; elle puise son mode d'exercice et sa vertu dans les mœurs. Aussi, ne faut-il pas s'étonner de trouver entre les peuples de race différente des divergences de manière de voir sur cette délicate question.

Les lois anglaise et américaine reconnaissent l'individualité propre et la responsabilité morale de l'épouse et, par conséquent, lui garantissent la liberté de penser et d'échanger ses sentiments. Ses idées, ses émotions, ses affections sont entièrement à elle. Le mari ne doit être ni un tyran, ni un espion. D'où il suit que le mari n'a pas le droit d'intercepter et d'ouvrir les lettres confidentielles de sa femme. Celle-ci peut, par des raisons de goût ou de jugement personnel, garder comme sa propriété les lettres qu'elle a reçues [1]. Tels sont les principes qui ont été consacrés par

---

1. Labbé, *Journal du Palais*, 1877, p. 706.

la Cour d'appel de Louisville, dans un arrêt remarquable, dont je vais faire passer sous vos yeux les plus importants passages :

« Nous n'admettons pas, dit l'arrêt, que dans ce temps et dans ce pays l'autorité légitime du mari lui donne, pendant le mariage, le droit d'immixtion dans la chaste et amicale correspondance de sa femme, en temps qu'elle ne touche pas à ses propres droits ; ni que, dans la plénitude de son pouvoir conjugal, il puisse, sans son libre consentement, prendre, détruire ou contrôler, d'une manière quelconque, la possession ou l'envoi de telles lettres.

« Une si blessante ingérence porterait atteinte à la confiance sociale, troublerait la paix domestique, et ne doit pas être encouragé par la justice, d'autant plus qu'elle ne pourrait servir qu'à satisfaire une curiosité jalouse et oppressive.

« Au point de vue des convenances et à tous les points de vue, de telles lettres, écrites à une femme pour les garder, les lire et s'en délecter, lui appartiennent ; et si, par des raisons de goût et de jugement personnel, elle ne croit pas devoir les remettre ou les montrer à son mari, elle a le droit de les conserver comme sa propre et inviolable propriété ; et une femme confiante (ce qui doit être supposé pour toutes) ne soustraira jamais, à la connaissance de son mari, ses lettres confidentielles, sans de bonnes et suffisantes raisons.

« Le Code actuel des lois anglaise et américaine reconnaît l'individualité et la responsabilité morale des épouses, et, par conséquent, garantit leur liberté de pensée et d'échange de sentiments. — Leurs idées leur sont propres ; leurs émotions leur appartiennent ; leurs affections ne sont qu'à elles. Un mari ne doit être ni un tyran, ni un espion pour sa femme ; et celle-ci n'est ni son esclave, ni sa maîtresse ; elle doit toujours être sa libre compagne et son égale [1]. »

1. *Le Droit* du 25 décembre 1867.

Ce système qui, par respect pour l'indépendance individuelle, nie l'autorité et ruine le fondement de l'unité dans la famille, a trouvé de l'écho chez quelques publicistes européens; M. Laurent, dans ses *Principes de Droit civil*, l'a énergiquement soutenu. Il a été, au contraire, chaleureusement combattu par M. Demolombe.

« Voilà, dit-il, après avoir rapporté l'arrêt, une thèse assurément très-chevaleresque! mais aussi, suivant nous, très-peu juridique, et nous ajouterons, ne voulant rien cacher de ce que nous pensons, très-peu sociale et très-peu morale!

« Et pourtant, ce n'est pas seulement en Angleterre et en Amérique, qu'elle s'agite et qu'elle fait des progrès, puisqu'on en est venu jusqu'à demander l'émancipation complète des femmes, leur émancipation civile et politique!

« N'assistons-nous pas aussi, chez nous, à la même croisade? et qui donc aujourd'hui n'a pas entendu l'écho de ces bruyantes revendications du droit des femmes qui retentissent dans les livres, dans les revues et dans les journaux [1]?

« Elles pourront retentir longtemps encore (c'est notre ferme espérance et notre conviction), sans ébranler la puissance du mari sur sa femme, qui est, avec la puissance du père sur ses enfants, la base fondamentale de la famille, et la condition essentielle de la discipline et de l'harmonie qui doivent y régner [2]. »

Nous ne pouvons qu'applaudir à ces éloquentes paroles; l'opinion soutenue par M. Laurent nous paraît en complète opposition avec les principes généraux de notre législation actuelle.

La différence qui existe dans l'être des époux, disait Portalis dans son exposé des motifs du Code Civil, en suppose dans leurs droits et leurs devoirs respectifs; la prééminence

1. Congrès ouvrier de Marseille, octobre 1879. — Pétition rejetée par la Chambre des Députés, décembre 1879.
2. Demolombe, 5me édition, t. II du *Traité du Mariage*, n° 87 bis.

de l'homme est la source du pouvoir de protection que la loi reconnaît au mari; l'obéissance de la femme est un hommage au pouvoir qui la protége, et elle est une suite nécessaire de la société conjugale, qui ne pourrait subsister si l'un des époux n'était pas subordonné à l'autre. Pour remplir dans sa plénitude la mission qui lui est dévolue, le mari a le droit et le devoir d'exercer, dans de justes limites, une surveillance tutélaire sur les actions de sa femme pour la protéger au besoin contre ses propres égarements.

Dans ce système, l'individualité, la responsabilité morale de chaque époux ne disparaît pas, n'est pas absorbée dans une unité contre nature. Mais les époux se sont engagés à se communiquer leurs impressions, leurs tendances, leurs sentiments, et à faire le sacrifice de ce qui romprait l'harmonie entre eux. Dans cette entente qui amène des concessions inévitables, la femme a des moyens d'influence et de persuasion; au mari appartient la décision définitive.

La mariage n'est-il point l'indivisible union des âmes : *consortium omnis vitæ, divini atque humani juris communicatio!* Quel intérêt la femme peut-elle avoir à refuser à son mari, avec qui elle ne doit faire qu'un, la communication de ses lettres? Quel intérêt honnête et avouable? Si elle est irréprochable, loin de fuir tout contrôle, c'est elle qui, en tout abandon, fera part à son mari de ce qu'on lui écrit, comme elle lui fait part de ses propres pensées et de ses propres sentiments. Si, au contraire, elle est coupable ou près de le devenir, il est faux de dire, avec la Cour de Louisville, qu'elle est libre de ses affections. Alors, surtout, le mari devra veiller et exercer un contrôle sévère, s'il a de justes motifs de soupçonner sa femme de liaisons criminelles. Dans une telle situation, le mari a le droit, et en même temps le devoir, de s'enquérir des personnes avec lesquelles sa femme a des relations ou bien une correspondance quelconque. Il lui importe de connaître l'esprit général des conversations tenues, des influences exercées en dehors et indépendamment de lui. C'est pour cela que nous n'hésitons pas à penser que l'autorité dont il est investi lui donne le pouvoir d'intercepter les lettres confidentielles écrites par sa femme ou qui lui sont adressées, lorsqu'il a des motifs sérieux de le faire pour sauvegarder la moralité de l'épouse et l'honneur ou la sûreté du chef de famille.

Le mari a une autorité comme le père, comme le tuteur. Mais une différence existe, différence certaine, bien qu'on doive abandonner les conséquences pratiques à en tirer au sens et à la délicatesse de chacun. Le père est investi d'un pouvoir pour diriger l'éducation, pour développer le cœur et l'esprit de son enfant. Le mari a une autorité relativement à une personne presque toujours arrivée à la plénitude de son développement intellectuel et moral; il doit, le plus souvent, respecter des croyances, des manières de sentir qui ne sont pas les siennes; il ne doit exercer son autorité que pour mettre obstacle à des actes d'entraînement individuel qui seraient contraires à la concorde et à la dignité de la famille [1].

Mais ce droit de contrôle qu'a le mari ne va pas jusqu'à lui permettre de s'immiscer arbitrairement dans la correspondance particulière d'une épouse irréprochable sans le libre consentement de celle-ci, et pour satisfaire une curiosité jalouse et blessante. La défiance et la surveillance poussée à l'extrême peuvent aller jusqu'à l'injure. Si le mari, profitant de son titre de chef de famille, abuse de son autorité, et, la faisant dégénérer en une odieuse tyrannie, intercepte sans motifs la correspondance de sa femme, les tribunaux pourront voir dans ce fait une injure grave de nature à motiver la séparation de corps.

La transmission héréditaire de la correspondance d'une personne décédée peut présenter quelques difficultés. A quel héritier doit-elle appartenir?

1. Labbé, loc-cit., p. 707.

Dans l'ancienne jurisprudence, tous les jurisconsultes étaient d'accord pour confier ces *monuments* à l'aîné des fils : on considérait qu'ils n'étaient point partageables en nature, et alors on les attribuait à l'aîné comme seul continuateur de la personne du chef de famille; on les lui confiait alors même qu'il renonçait à la succession. Singulière théorie, du moins dans cette dernière hypothèse, d'après laquelle on choisissait pour seul représentant d'une famille, celui qui précisément n'avait point hésité à la répudier.

Le Code Civil est muet sur la question; de là différents systèmes présentés par les jurisconsultes.

A s'en tenir à la rigueur des principes, la solution serait facile. Tous les objets qui se trouvent dans une succession doivent entrer en partage d'après la loi, à moins qu'ils n'en soient exceptés par un texte spécial; aucun texte n'exceptant du partage la correspondance reçue par le défunt et conservée par lui, on doit donc la soumettre au partage. Hâtons-nous de dire que cette théorie n'a été admise par aucun jurisconsulte. Comment admettre, en effet, que des lettres intimes soient vendues aux enchères publiques et deviennent la propriété du plus cher enchérisseur? Évidemment, c'est ailleurs qu'il faut chercher la solution de la question.

Les attribuera-t-on à l'aîné, comme l'ancienne jurisprudence? Mais tous les principes du Droit moderne s'y opposent. Un des buts principaux que s'étaient proposé les rédacteurs du Code Civil, c'était de faire disparaître tout privilége de primogéniture.

Les tirera-t-on au sort? Mais le sort est aveugle, et il se pourrait qu'il attribuât des correspondances intimes à un débauché qui ne serait pas *sûr*, comme disait Lebrun.

En ordonnera-t-on la licitation entre cohéritiers'? Mais l'inconvénient sera le même, et puis, quoique l'enchère soit restreinte, ce procédé n'est-il pas propre à froisser des sentiments délicats, d'honorables susceptibilités?

1. Cour de Paris, 19 mars 1864. — D. P. 2, 58.

Le seul moyen pratique, pensons-nous, est l'application de l'article 842 du Code Civil. Cet article vise dans les termes les plus généraux les titres concernant toute l'hérédité, c'est-à-dire les objets qui ne peuvent être ni partagés, ni vendus. Or, les papiers domestiques et la correspondance ne sont susceptibles ni de partage, ni de vente; l'article 842 leur est donc applicable d'après son esprit et d'après sa lettre.

Tous les cohéritiers sont-ils d'accord pour en confier le dépôt à l'un d'eux? Rien de mieux. Ne peuvent-ils pas s'entendre? Le tribunal désignera le dépositaire, et on sera sûr du moins que ces précieux objets seront confiés, comme il est nécessaire qu'ils le soient, à celui des cohéritiers dont le nom sera en *meilleure odeur*.

A la différence de l'ancien Droit, le juge ne pourra jamais confier le dépôt à l'héritier qui aura renoncé, car, par sa renonciation, il est devenu étranger à l'hérédité.

Nous admettrons une solution analogue pour le cas où la succession sera dévolue non à des fils du défunt, mais soit à d'autres héritiers, soit à des légataires universels ou à titre universel. Dans ces différentes hypothèses, si le défunt n'a pas disposé de sa correspondance par legs particulier, et si ses successeurs ne sont point d'accord pour la confier à l'un d'eux, les tribunaux auront un pouvoir souverain d'appréciation, et devront la remettre à celui qui leur paraîtra le plus digne de représenter la personne du défunt.

Une hypothèse un peu plus délicate peut se présenter : on a vu quelquefois la correspondance du défunt réclamée par son fils et par sa veuve, légataire de la quotité disponible.

La veuve disait, à l'appui de sa prétention : Est-ce que la femme ne puise pas dans sa qualité d'épouse un droit de copropriété sur les lettres écrites à son mari? Le mari les a toutes reçues, cela est vrai, mais elles ne lui étaient remises que comme représentant de l'union conjugale ; la plupart étaient tout aussi bien pour sa femme que pour lui. Si elles n'avaient qu'une seule adresse, c'est que le mari et la femme ne forment qu'un seul corps et une même chair.

De plus, s'il est vrai que le fils soit le seul héritier du sang et, comme tel, le continuateur de la personne du père, dans l'hypothèse, il a été exhérédé au profit de la mère, suivant les limites du possible. Ne peut-on voir dans cette exhérédation la preuve que le père n'a point voulu de son fils pour continuer sa personne, mais a laissé ce soin à sa légataire ? Est-ce que cette pensée ne doit point guider les magistrats dans l'attribution de la correspondance du défunt?

Enfin, quel danger n'y a-t-il pas à confier dans le cas qui nous occupe la correspondance au fils? Il a eu, sans doute, une mauvaise conduite, puisque le père, malgré son affection paternelle, lui a enlevé tout ce qu'il a pu lui enlever. Dans ces lettres qu'il réclame, il trouvera peut-être la trace d'avertissements sur sa conduite donnés au père par des amis de la famille ; il prendra donc connaissance de lettres qui étaient surtout confidentielles pour lui. Et les lettres écrites par la femme au mari, ces mutuelles confidences, ces épanchements pour ainsi dire d'un même cœur, il en disposera librement. Ah ! s'il connaissait son devoir, il se garderait d'y jeter les yeux et les considérerait comme sacrées ; mais puisqu'il ose les disputer à sa mère, il est facile de comprendre l'usage qu'il en fera.

Ce système, présenté dans l'intérêt de la veuve, pourrait donner lieu à de longs développements que je n'ai fait qu'effleurer. En ne s'attachant qu'aux sentiments, on peut présenter les considérations les plus saisissantes ; au point de vue des véritables principes juridiques, une telle théorie ne saurait être soutenue.

Comment vouloir comparer les droits d'un légataire, quelque sympathique qu'il puisse être, à ceux du fils héritier du sang, et, comme tel, seul continuateur de la personne du père de famille? Le fils tient son droit de la nature des choses, du lien de paternité et de filiation qui l'unissait au défunt; le légataire n'est rien par lui-même, il n'est que ce qu'a voulu faire de lui le défunt, il ne succède qu'à ce qui lui a été donné. Pour que la veuve pût réclamer la correspondance en invoquant son titre de légataire, il faudrait que cette correspondance lui ait été donnée par legs particulier.

C'est à tort, également, que l'on invoque en sa faveur un droit de copropriété : S'il est vrai que la société conjugale est la mise en commun des joies et des peines, des affections et de la considération publique, il n'est pas moins vrai qu'il existe de cette association un chef, c'est le mari. Chacun, dans cette vie commune, a sa mission et son rôle spécial : A la femme, les soins de la maternité et les occupations du foyer domestique ; au mari, le souci des intérêts matériels et la direction générale. C'est comme administrateur, comme chef de l'union commune, qu'il échange toute correspondance ; c'est à ce titre qu'il est seul propriétaire des lettres qu'il reçoit.

Si la mère de famille, si les tiers qui ont autrefois écrit au défunt des lettres confidentielles, ne veulent pas qu'elles tombent entre les mains du fils, ils n'auront, pour se les faire rendre, qu'à s'adresser aux tribunaux ; ce serait en vain que le fils, pour repousser leur demande, se fonderait sur son titre de continuateur de la personne du défunt.

Cette solution est simplement la consécration des principes que nous nous sommes efforcé de poser dans le cours de cette étude : ce droit que nous attribuons à la veuve et aux tiers n'est que la mise en pratique du droit de surveillance qui appartient à l'auteur de toute lettre confidentielle. Si nous reconnaissons ici aux auteurs des lettres le droit de les reprendre, ce que nous ne saurions jamais admettre tant que vit le destinataire, c'est que c'est le seul moyen d'empêcher que ces lettres ne perdent leur caractère confidentiel. Elles avaient été écrites pour le père de famille seul et il ne pouvait les communiquer à des tiers; les tribunaux avaient mission d'empêcher que ce pacte intervenu entre les auteurs de la lettre et le destinataire ne soit violé; ils doivent maintenant intervenir. Il importe qu'ils s'opposent à ce qu'elles soient transmises, malgré leurs auteurs, au fils; sans quoi leur caractère confidentiel est violé. Il est violé de la manière la plus grave, car le fils est le dernier à qui elles devraient être communiquées, puisque la plupart sont surtout confidentielles à son égard.

J'ai terminé, Messieurs, l'examen forcément succinct des questions que je m'étais proposé de traiter aujourd'hui devant vous; il ne me reste plus qu'à réclamer de tous, cette bienveillante indulgence que me témoignait récemment encore le Conseil de l'ordre en me chargeant de prononcer ce discours.

Toulouse, imprimerie Paul PRIVAT, rue Triplère, 9, — 2.

www.ingramcontent.com/pod-product-compliance
Lightning Source LLC
Chambersburg PA
CBHW060504200326
41520CB00017B/4902